hinter das Gesicht...

träumt...

eine strasse...

die Zukunft

So leben sie sich aus . . .

Reichstags Rommé

ins Leben..."

Song auf Tante Berthas gutes Sofa

will Karriere machen

ATRIUM

ERICH KÄSTNER

Lieschen Neumann
will Karriere machen

DIE *UHU*-GEDICHTE

Herausgegeben
von Remo Hug

Atrium Verlag · Zürich

INHALT

ANHANG

DER *UHU* ALS
»MAGAZIN DER MAGAZINE«

Einleitung des Herausgebers

Vor fast genau einem Jahrhundert, am 10. Oktober 1924, flatterte ein neuer Vogel durch den an Arten alles andere als armen deutschen Blätterwald – der *Uhu*. Ausgebrütet hatte ihn der in Berlin beheimatete Verlag Ullstein, damals das wohl größte Medienunternehmen Europas, zu dessen Portefeuille ganz unterschiedliche Publikationen zählten: die auflagenstarke, allseits beliebte *Berliner Morgenpost*, die *B. Z. am Mittag*, die heute als erstes deutsches Boulevardblatt gilt, die so traditionsreiche wie angesehene textlastige *Vossische Zeitung* und die im Gegensatz dazu vor allem auf die Wirkung von Fotografien setzende *Berliner Illustrirte Zeitung*; zu ihnen gesellten sich ambitionierte Zeitschriften wie *Der Querschnitt*, *Die Dame* oder das *Blatt der Hausfrau* und für die Kinder *Der heitere Fridolin*, eine »Halbmonatsschrift für Sport, Spiel, Spaß und Abenteuer«. Der *Uhu* hatte gleich zwei »Väter«: Hermann Ullstein, jüngster Sohn des Firmengründers Leopold Ullstein und verantwortlich für das Verlagswesen, sowie Kurt Szafranski, der einst den Debütroman *Rheinsberg* seines Freundes Kurt Tucholsky illustriert hatte, dann in den künstlerischen Beirat von Ullstein berufen wurde und damals der Zeitschriftenabteilung des Hauses als Direktor vorstand.

»Dick wie ein Buch«, »Gescheit und amüsant, voll guter Laune und Lebensfreude«, »Einzig in der Art der Darstellung, lebendig in der Illustrierung«: All das wollte der *Uhu* sein, wie Ullstein in seinen Anzeigen verkündete. Außerdem war es sein Ziel, mit abwechslungsreichen Themen und üppiger Illustrierung eine möglichst große, vielschichtige Leserschaft anzusprechen – modern und aktuell, sprachlich geschliffen, stets unterhaltsam und doch um Niveau bemüht, immer gut informiert und auch bei anspruchsvollen Artikeln um Verständlichkeit besorgt. Eine bis zum Schluss bedeutende Basis des Magazins bildeten die im engeren Sinne literarischen Beiträge: Kurzgeschichten, Novellen und Gedichte. Daneben beschäftigten sich die Autorinnen und Autoren des *Uhu* in Wort und Bild mit Kunst und Musik, Theater und Tanz sowie neuen Errungenschaften in Wissenschaft und Technik, sie widmeten sich gesellschaftlichen und sozialen Problemen ebenso wie Fragen von Bildung und Erziehung oder den Entwicklungen in Wirtschaft und Politik, sie spürten Modetrends nach, porträtierten bekannte Persönlichkeiten, priesen schöne Frauen (und gelegentlich auch Männer), berichteten über Filmstars und Sport-Asse, Sänger und Chansonnetten, analysierten das Verhältnis der Geschlechter und reisten für Reportagen regelmäßig zu fremden Völkern in exotische Länder. Mit der Zeit erweiterte sich das Spektrum zudem um Ratgeberthemen, Umfragen (in der Leserschaft wie auch bei der Prominenz), Denkaufgaben, Intelligenztests und Preisausschreiben. Der *Uhu* war also gewissermaßen alles in einem: Kulturzeitschrift,

Zeitgeistillustrierte, Unterhaltungsheft, Lifestyle-Revue – weshalb er sich später nicht ungern mit dem Titel »Magazin der Magazine« schmückte.

Die Schriftstellerin Vicki Baum zählte nicht nur zu den bekanntesten Gesichtern von Ullstein, sondern als Redakteurin auch zu den prägendsten; für den *Uhu* verfasste sie Gedichte und Geschichten, aber auch Beiträge wie *Erfahrungen mit der Verjüngung, Welche Frau ist am begehrtesten?* oder *Entlarvte Liebe – Die Chemie der Gefühle.* Der Verlag Ullstein hatte die Österreicherin schon 1921 unter Vertrag genommen und veröffentlichte fortan etliche ihrer Bücher, darunter 1929 auch den Bestsellerroman *Menschen im Hotel.* Zu den klingenden literarischen Namen, die für den *Uhu* schrieben, gehörten außerdem (in alphabetischer Reihenfolge): Walter Benjamin, Bertolt Brecht, Hans Fallada, Bruno Frank, Hermann Hesse, Klabund, Else Lasker-Schüler, Emil Ludwig, Heinrich Mann, Klaus Mann, Peter Panter und Theobald Tiger (alias Kurt Tucholsky) sowie Stefan Zweig, aber auch ausländische Größen wie Iwan Bunin, Colette, Liam O'Flaherty, John Galsworthy, Maxim Gorki, O. Henry, Sinclair Lewis, Katherine Mansfield, Karin Michaelis, Vita Sackville-West, George Bernard Shaw und H. G. Wells.

Unübersehbar war daneben das Bestreben des *Uhu*, immer wieder Fachleute, Spezialisten und Exponenten aller möglichen Bereiche zu Wort kommen zu lassen, sei das nun ein Flugzeugingenieur, Psychoanalytiker, Filmemacher, Architekt oder Zoologe, ein Sprachwissenschaftler, Forschungsreisender, Revueregisseur oder gar ein Nobelpreisträger für Physik wie Albert Einstein. Im Übrigen setzte man von Anfang an auf das Können der besten Zeichner und

Illustratoren. Und so gesellten sich zu H. M. Bateman, Busso Malchow und Walter Trier, die schon an der Werbekampagne zur Lancierung des *Uhu* beteiligt gewesen waren, Künstler wie Ferdinand Barlog, Fritz Eichenberg, Charles Girod, Erich Godal, Georg Grosz, Olaf Gulbransson und Albert Schaefer-Ast. Im Weiteren vergab die Redaktion regelmäßig Aufträge an die renommiertesten Berliner Fotografinnen und Fotografen wie Ewald Hoinkis, Albert Vennemann oder Yva – ganz abgesehen davon, dass Ullstein im eigenen Hause ebenfalls ausgezeichnete Lichtbildner und Fotoreporter beschäftigte.

In der Anfangszeit war es insbesondere Walter Trier, der das Gesicht des *Uhu* mit seinen einfallsreichen Illustrationen prägte: Beim ersten Jahrgang 1924/25 stammten nicht weniger als zehn der zwölf Titelbilder von ihm, beim zweiten waren es immerhin noch acht.

Wie Erich Kästner zum *Uhu* kam

Dass in Berlin im Oktober 1924 der *Uhu* das Licht der Welt erblickt hatte, war auch dem 25-jährigen Doktoranden in spe Erich Kästner in Leipzig nicht entgangen – und zwar nicht nur, weil dieses Ereignis deutschlandweit von großem Brimborium begleitet wurde, sondern vor allem deshalb, weil er seit einem halben Jahr für die Konkurrenz tätig war: Die Leipziger Verlagsdruckerei, damals im Besitz der Firma Heinrich Mercy Sohn in Prag, hatte Kästner nämlich auf den 1. März 1924 als Redakteur angestellt, und als solcher schrieb er einerseits für die *Neue Leipziger Zeitung* und das *Leipziger*

Tageblatt, andererseits aber bald auch für die ebenfalls im Besitz des Unternehmens befindlichen drei Magazine *Das Leben, Die Grosse Welt* und *Der Die Das.* Kästners Arbeitgeber dürfte nicht eben erfreut gewesen sein ob des neuen Rivalen in der Reichshauptstadt. Und tatsächlich sah sich die Leipziger Verlagsdruckerei schon bald genötigt, ihre Kräfte zu konzentrieren und auf den Januar 1926 hin die drei Zeitschriften zu einer einzigen zusammenzulegen; dafür wurde der Name der ersten, *Das Leben*, beibehalten, während die beiden anderen nur noch im Untertitel des Inhaltsverzeichnisses weiterexistierten.

Interessanterweise hatte Kästners Mutter Ida offenbar früh gewittert, dass Gefahr drohte. Schon am 3. Februar 1925 schrieb sie dem Sohn, man habe ihr gesagt, die Leipziger Magazine könnten sich nicht mit dem *Uhu* messen – der sei »viel vielseitiger«. Im Brief vom 8. März wurde sie dann konkret: »Erich, ich glaube, ihr müßt was anderes auf Eure Zeitschriften machen. Es gefällt mir selbst nicht.« Sie habe, so fährt Ida Kästner fort, die Dresdner Schaufenster abgesucht – überall liege der *Uhu*, ganze Fenster seien voll mit ihm. Und das schrecke nicht einmal ab. Darauf habe sie sich ein Schaufenster aus lauter Exemplaren der letzten *Der Die Das*-Nummer vorgestellt – und »da wurde mir ganz angst.« Das würde doch zum Ausreißen aussehen. Von den Titelbildern der drei jüngsten Ausgaben gefalle ihr kein einziges – die Verantwortlichen müssten dringend »Abwechslung rein bringen« und mal etwas anderes draufmachen als »die blöden Fratzen«. Ein Jahr später, am 12. Februar 1926, also kurz nach der Fusion der drei Magazine, brachte Kästners Mutter ihrem Sohn gegenüber das Thema neuerlich zur Sprache: Sie habe, so schrieb sie, gestern bei Bekannten den *Uhu* gesehen. Und ihr Eindruck war derselbe geblieben: Der *Uhu* »spricht freilich mehr an« als *Das Leben*.

Mitte Juli 1927 kehrte Kästner Leipzig und der Verlagsdruckerei den Rücken und zog nach Berlin, um fortan für ein monatliches Fixum von 200 Mark für die *Neue Leipziger Zeitung* als Korrespondent über das kulturelle Leben der Hauptstadt zu berichten. Zu jener Zeit hatten drei zum Ullstein-Konzern gehörende Publikationen, wenn auch nur gelegentlich, bereits Beiträge von ihm veröffentlicht: die *Vossische Zeitung* zuerst die Glosse *D'Annunzio und kein Ende* (11. September 1924), das Magazin *Der Querschnitt* das Gedicht *Paralytisches Selbstgespräch* (März 1925) und die *B. Z. am Mittag* die Erzählung *Karl der Faule* (18. Juli 1926). Im Unterschied dazu zählte Kästner bei einem anderen Ullstein-Titel, der Sonntagszeitung *Die Grüne Post*, praktisch von Anfang an zum Stamm der festen Mitarbeiter, denn das Blatt druckte bereits in seiner zweiten Nummer, am 17. April 1927, den ersten Beitrag Kästners ab, das Gedicht *Ostern 1927*. Der Text erschien auf der Titelseite zusammen mit einem Foto von einer als Osterhase verkleideten Frau. In der Folge veröffentlichte *Die Grüne Post* regelmäßig derartig bebilderte Gedichte Kästners, die er auf Bestellung fabriziert hatte, sodass bis im Frühjahr 1929 bereits über drei Dutzend davon zustande gekommen waren. Kurz zuvor hatte es Kästner zudem geschafft, bei einem weiteren Ullstein-Produkt unterzukommen, der *Berliner Illustrirten Zeitung*, in der sein Gedicht *Weihnachtliches Dorf* am 23. Dezember 1928 zusammen mit einem passenden Bild abgedruckt worden war.

Man kannte Kästner bei Ullstein also bestens, und nachdem er mit seinen ersten beiden Büchern, den Lyrikbänden *Herz auf Taille* (April 1928) und *Lärm im Spiegel* (April 1929), in den Feuilletons für Furore gesorgt hatte, wollte man ihn schließlich auch beim *Uhu* haben. Im Frühherbst 1929 druckte das Magazin zum ersten Mal eines seiner Gedichte, und zwar zusammen mit einer ganzseitigen Zeichnung. Damit wurde Kästner, wie bei der *Weltbühne*, auch hier zum Kollegen seines Vorläufers (und Vorbildes) Kurt Tucholsky, der unter seinem Pseudonym Theobald Tiger schon seit 1927 im *Uhu* Gedichte veröffentlicht hatte, in der Regel ebenfalls im Verbund mit einer Illustration, meistens einer Fotografie. Tucholsky brachte es im Laufe der Zeit auf gut zehn solcher Beiträge, Kästner auf ein knappes Dutzend. Der langjährige Ullstein-Redakteur Wilhelm Meyer steuerte unter seinem Kürzel »My« sogar über zwanzig bebilderte Gedichte bei, wie sie von Anfang zum *Uhu* gehörten, aber auch in anderen Zeitungen und Zeitschriften gepflegt wurden – das Genre blickte bereits auf eine beeindruckend lange Tradition zurück.

Aus Kästners Korrespondenz mit seiner Mutter geht hervor, dass es sich bei seinen Texten für den *Uhu* – analog zu denen für *Die Grüne Post* – um Auftragsarbeiten handelte, verbunden mit der Pflicht, regelmäßig an den Redaktionssitzungen teilzunehmen. So schreibt er schon am 4. September 1929, er müsse nicht nur die Korrekturen für *Emil und die Detektive* erledigen, sondern auch noch eine Theaterkritik für die *Weltbühne* verfassen sowie ein Gedicht für den *Uhu* abliefern. Nicht immer ging ihm das leicht von der Hand, wie ein Brief vom 15. März 1930 verdeutlicht: »Also, ein Sonntagsbriefchen im

Husch. Ich hab' nämlich am Nachmittag lange an einem Gedicht für den ›Uhu‹ rumgemurkst und bin darüber eingeschlafen. Das hat zwar gutgetan, aber nun muß ich noch fleißig nachholen …« Und ein weiterer Brief Kästners vom 22. Oktober desselben Jahres belegt, dass ihn seine vielen Engagements gelegentlich auch unter Druck setzten:»Ich hab heute große Tour: 1 h ›Uhu‹, 2 h Hansen, 4 h Trier, 5 h Martin und die Kinder, 6 h Martin und Kesten, 8 h Theater, 11 h kurzes Auftreten in einem politischen Kabarett. Toll, was? […] Jetzt möcht ich gern noch mein 3. Romankapitel anfangen, ehe ich in die ›Uhu‹-Redaktion stürme.«

Von Kästner sind im *Uhu*, wie erwähnt, exakt ein Dutzend Gedichte erschienen, das erste im September 1929, das letzte im April 1933. Dazwischen gab es von April 1931 bis Oktober 1932 eine lange Pause, während der Kästner in keiner einzigen Ausgabe des Magazins vertreten war. Demgegenüber fanden sich im Heft vom Februar 1933 auf einmal gleich zwei Beiträge von ihm. Als wenig später die Nationalsozialisten ans Ruder gekommen waren, zählte Kästner zu denjenigen Autorinnen und Autoren, die praktisch umgehend nicht mehr im *Uhu* gedruckt wurden, während etwa der Illustrator seiner Kinderbücher, Walter Trier, bis zur letzten Ausgabe vom September 1934 weiterhin mitwirken durfte.

Acht von Kästners Beiträgen für den *Uhu* wurden zusammen mit einer oder mehreren Fotografien veröffentlicht, drei weitere mit Zeichnungen, nur einer hatte gar keine Illustration. Die Bandbreite der Bebilderung reicht von der monothematischen Momentaufnahme über plakativ parallel platzierte Gegensätze und richtiggehende Fotokurzgeschichten bis zum künstlerisch aufwendig gestalteten 33-teiligen Polit-Kartenspiel. Sowohl was die Machart und den Umfang als auch die Anlässe und Gegenstände betrifft, sind diese Gelegenheitsgedichte und Auftragsarbeiten ausgesprochen heterogen und spiegeln formal und inhaltlich im Prinzip das gesamte Spektrum von Kästners Verskunst wider; somit können diese Texte auch gelesen – und verstanden – werden als zwar radikal komprimierte, aber dennoch durchaus repräsentative Auswahl aus seinem lyrischen Schaffen. Und das war letztlich auch das ausschlaggebende Motiv dafür, zum allerersten Mal alle zwölf *Uhu*-Gedichte zusammen zu veröffentlichen. Dazu kommt, dass Kästner später nur fünf von ihnen in seine Lyrikbände aufgenommen hat (allerdings ohne die Illustrationen), während die meisten der andern bis heute nirgendwo mehr publiziert worden sind – weshalb es hier also auch Unbekanntes zu entdecken gibt.

Die Gedichte werden in der Abfolge präsentiert, wie sie der *Uhu* veröffentlicht hat – also chronologisch geordnet –, und natürlich von den ursprünglichen Fotos beziehungsweise Illustrationen begleitet, mit denen zusammen Kästners Verse damals erschienen sind. Der besseren Lesbarkeit willen wurden die Texte neu gesetzt und mit den Bildern arrangiert. Die originalen Schreibungen wurden beibehalten, offensichtliche Fehler oder Versehen allerdings getilgt. Im Anhang finden sich einerseits zusätzliche Hintergrundinformationen über den *Uhu*, andererseits Kommentare und Erläuterungen zu jedem einzelnen Gedicht.

Februar 2024
Remo Hug

DIE *UHU*-GEDICHTE

IN DER SEITENSTRASSE

Hier ist es dunkel. Komm noch etwas näher.
Hier ist es fast, als wäre man im Wald.
Was soll man andres tun als Europäer?
Die Stadt ist groß, und klein ist das Gehalt.

Man liest manchmal in seltsamen Romanen
von Inseln, wo fast keine Menschen sind.
Dort gibt es Palmen statt der Straßenbahnen.
Und kleine Affen schaukeln sich im Wind …

Und an das Ufer spülen manchmal Fässer.
Darin ist Cornedbeef und Pilsner Bier.
Dort haben es die Liebespaare besser!
Wir sind nicht dort, mein Kerlchen, sondern hier.

Hier stört man uns, als täte man's zum Spaße.
Die Städte schrein und platzen vor Betrieb.
Da stehn wir nun in einer Seitenstraße
und haben uns »nur zur Verrechnung« lieb.

Es sieht fast aus, als wollten wir wen meucheln.
Dabei ist unsre Absicht gar nicht bös.
Ein bißchen küssen … Und ein bißchen streicheln.
Ach, wer sich liebt, den macht Berlin nervös.

Was hilft das alles? Reizend war es heute.
Vermutlich kriegst du wieder Krach zu Haus.
Es ist, als wohnten hier gar keine Leute.
Na ja, und ich muß morgen zeitig raus.

Ich bringe dich noch bis zur Haltestelle.
Gleich ist es Zeit. Gleich kommt dein Autobus.
Hast du mich lieb? Gib mir noch einen Kuß …
Und Mittwoch sehn wir uns. Auf alle Fälle.
Nun aber Schluß!

In der Seitenstraße *Zeichnung von Willibald Krain*

BETTEN-BALLADE

Man sieht zwei Brillen und zwei halbe Betten
und eine Leselampe zwischendrin.
Sie tun, als ob sie was zu sagen hätten.
Es kann schon sein. Und man blickt näher hin.

Man sieht den Nachttisch und die kahlen Wände
und etwas Dämmerung und etwas Licht.
Der Fotograf zeigt nur die Gegenstände.
Die Menschen, die hier schlafen, zeigt er nicht.

Das ist kein Zufall, sondern ist Methode.
Die Dinge sind nicht tot. Man sagt es nur.
Man blickt auf Möbel einer frühern Mode
und kommt dem, was man nicht sieht, auf die Spur.

Man spürt beim Anblick der polierten Knäufe:
Der Mensch und seine Habe sind verwandt.
Man sieht nur Holz. Und sieht doch Lebensläufe!
Man kennt sie nicht, und sie sind doch bekannt.

Das Bild erzählt vergangene Geschichten
von einem alten, braven Ehepaar.
Man sieht zwei Brillen und beginnt zu dichten.
Denn auch das Schicksal ist nur Mobiliar.

Man kennt sich aus. Es ist so oft das gleiche,
mit Jugend, Alter, Glück und Mißgeschick.
Ein braves Ehepaar, furniert auf Eiche …
Wir sind ja aus der nämlichen Fabrik.

Fot. Schnitzer

LIESCHEN NEUMANN
WILL KARRIERE MACHEN

Das Scheindasein vor der Kamera

Aufnahmen Yva

Es gibt da eine Sorte junge Damen,
die haben nichts, als etwas anzuziehn.
Sie tragen reichlich parfümierte Namen
und sind aus – oder wollen nach – Berlin.

*

Sie sitzen ohne Appetit zu Haus.
Sie können nicht mehr, nur noch künstlich, lachen.
Da ziehen sie sich an und gehen aus
und wollen eiligst Karriere machen.

Sie denken sich die Sache ziemlich leicht
und gehn, um keine Zeit mehr zu verlieren,
den Weg, auf dem man heute viel erreicht:
das heißt: sie lassen sich fotografieren.

*

Sie melden sich (weil es das Bild so will)
bei einer Fotografin namens Yva
und halten dort in zwanzig Lagen still.
Und fühlen sich dabei bereits als Diva.

Man bringt sie dann in Fotokästen unter.
Sie hängen zwischen Schaljapin und Solf.
Sie sehn entzückend aus, und es steht drunter:
»Ramona Silvaré beim Golf.«

*

Sie stehn, als Brustbild, lächelnd neben Pferden
und sind auch diesbezüglich Koryphäe …

*

der Eindruck würde freilich anders werden,
wenn man den untern Teil des Bildes sähe.

Sie lächeln uns aus jedem Magazine,
auf Kunstdruckblättern, gut getroffen an.
»Ramona in der kleinsten Flugmaschine.«
Die Leute staunen, was Ramona kann.

Als hätte sie nie anderes getan,
sieht man sie lächelnd an Volant und Steuer ...

… in Wirklichkeit fährt sie bloß Straßenbahn.
Und oft ist ihr auch dieses noch zu teuer.

Sie lächeln auch aus allen Modeheften
und tragen Samt und Seal und Crêpe de chine …

… doch alles das gehört ja den Geschäften!
Ramona selbst hat wenig anzuziehn …

*

So lächelt sie sich Löcher in die Backen …
Es ist ja möglich, daß es Grübchen sind.
Doch echten Perlenschmuck und Zobeljacken
erwirbt man nicht mit Lächeln, liebes Kind.

*

Ein hübscher Kopf ist fraglos ein Talent.
Und nichts spricht gegen einwandfreie Beine.
Doch das alleine? Nichts als das alleine
ist etwas wenig, falls ihr sonst nichts könnt.
Was nützen Fotos in den Magazinen?
Was soll das Lächeln und das ganze Drum und Dran …

… wenn man sich schließlich kaum zwei Apfelsinen,
obwohl man gerne möchte, kaufen kann?

Für die Aufnahmen stellte sich die Tänzerin Beatrice Garga zur Verfügung.

Morgens: Blick von der Gedächtniskirche zum Bahnhof Zoo *Fot. Vennemann*

ZWEI PHOTOS – EINE STRASSE

Das könnte, kann man denken, Breslau sein.
Oder Liegnitz. Oder Stettin.
Es ist aber keins von den dreien, nein!
Sondern es ist Berlin.

Die Autos halten. Und die Stadtbahn hält.
Die Straße ist lang und trist.
Die Häuser sind einzeln hingestellt.
Daß es zum Weinen ist.

Wo ist Berlin, von dem man schreibt und spricht?
Wo ist es, Herr Fotograf?
Auf Ihrem Bilde ist es nicht.
Hier sieht man nichts als Schlaf.

Das ist Berlin, nach dem sich jeder sehnt?
Das ist die Gegend am Zoo?
Man fällt vor Schreck vom Stuhl. Und gähnt.
Und denkt perplex: So, so …

Mitternachts: Blick vom Bahnhof Zoo zur Gedächtniskirche *Fot. Thaller*

Doch kommt nur gegen Abend wieder her
und betrachtet die Sache bei Licht!
Da kennt ihr auf einmal die Straße nicht mehr
und blickt in ein fremdes Gesicht.

Dann glänzt der Himmel. Und der Asphalt blitzt,
wie frisch gebohntes Parkett.
Die Häuserfronten glühen erhitzt
und wollen nicht zu Bett.

Der Lärm schlägt Wellen, und die Kirche ragt
empor aus dem Licht und Benzin.
Die Autos hupen und gehen auf Jagd.
Und jetzt – spürt ihr Berlin!

Das kann nicht Liegnitz oder Breslau sein.
Die sind jetzt außer Verdacht.
So herrlich ist Berlin allein,
bei Nacht.

Peter Flint

REICHSTAGS-ROMMÉ

JEDER SEIN EIGENER DIKTATOR

Ein lustiges Kartenspiel für ernste Zeiten

Gezeichnet von Martin Koser, mit Versen von Erich Kästner

Können Sie Rommé? Dann können Sie auch unser Reichstags-Rommé spielen. Die Aufgabe für Sie ist, eine Regierung in die Hand zu bekommen. Die Möglichkeiten sind Ihnen bekannt: Weimarer Koalition, große Koalition, rechte oder linke Koalition, Diktatur von rechts oder links. Versuchen Sie vor allem, den Kapitaljoker in die Hand zu bekommen, dann haben Sie schon leichteres Spiel, denn er stützt jede Regierung, die Sie bilden wollen. Die Staatspartei paßt in jede Koalition, nur Hitler und die Kommunisten ausgenommen. Wen Sie aber z.B. eine Handvoll Kommunisten haben, müssen Sie eben mit Kommunisten regieren.

Wollen Sie aber z.B. mit Brüning das Spiel machen, und Sie haben Hitler und Thälmann dabei, so halten Sie sie bis zuletzt fest, bevor Sie sie abwerfen, so daß sie Ihnen nicht mehr gefährlich werden können. Als Kartenmuster haben wir auf der Rückseite die Parteien abgedruckt. Sie müßten schon ein sehr scharfes Auge haben, wenn Sie dadurch eine Einsicht in die Partei des Gegners haben wollten.

Man merkt beim Anblick der acht Herrn:

LANDSBERG

S. P. D.

Karl Marx war früher mal modern.

Doch Politik ist eine Praxis,

S. P. D.

SCHEIDEMANN

wo man zum größten Teil aus Wachs is.

Daraus ergibt sich ziemlich klar:

HILFERDING

S. P. D.

Man bleibt nicht immer was man war.

Die SPD, wie dem auch sei,

SEVERING

S. P. D.

ist unsre größte Volkspartei.

Am meisten stärkt sie das Vertraun

BRAUN

S. P. D.

in Preußen durch Herrn Otto Braun.

Sie fördert ihrer Sehnsucht Schritte

LÖBE

S. P. D.

und naht der bürgerlichen Mitte.

Und machte sie auch manchen Fehler —

es wächst die Ziffer ihrer Wähler.

Drum schließe sich, sprach Thomas Mann,

der Bürger Hermann Müllern an.

Wer ist des Dritten Reichs Vermittler?

Das ist und bleibt der Adolf Hitler.

Im Sinn von Wotans Politik

regiert in Weimar Doktor Frick.

Sie schimpfen auf die Rassefremden

und tragen schöne braune Hemden.

Im Reichstag sind sie recht beliebt,

weil's über sie zu lachen gibt.

Sie schwärmen für den Paroxismus

und den Sozialkapitalismus.

Sie heben ihre Hand zum Gruß

und sind auch sonst etwas konfus.

In Rußland sitzt die große Sphinx.

Die Kommunisten sitzen links.

Sie blicken auf die Weltenuhr

und warten auf die Diktatur.

Inzwischen aber hassen sie

die Sozialdemokratie.

Ihr Ton ist herzhaft, wenn nicht rauh,

und man erkennt sie am Radau.

Von Rom aus wird nicht nur gepredigt,

es wird auch anderes erledigt.

Denn Politik ist ein Gebiet,

wohin's die Kirche mächtig zieht.

Herr Brüning, milde von Natur,

liebäugelt mit der Diktatur.

Die Herde blickt gefaßt nach oben,

bereit, was auch geschieht, zu loben.

Was früher war, gilt für untadlig,

man merkt es: die Partei ist adlig.

Und wenn es regnet, heißt es gleich:

das gab es nicht im Kaiserreich.

Einst lebte man von Ruhm und Glanz

CURTIUS

D. V. P.

und der Bedeutung Stresemanns.

Jetzt hat man sich den Herrn von Seeckt

v. SEECKT

D. V. P.

für alle Fälle zugelegt.

Sie sagen immer „Vaterland"

BREDT

WIRTSCHAFTS P.

und meinen meistens „Mittelstand".

Koch schlug, was übrig war, entzwei

KOCH WESER,
STAATSPARTEI

und nannte es: die Staatspartei.

Das wichtigste sind ihr am Staat

BAYR. V. P.   EMMINGER

die Länder und das Konkordat.

Am liebsten machten diese Racker

LANDVOLK

Berlin zu einem Rübenacker.

Der Fortschritt wird noch nicht gehemmt,

MUMM

CHR. SOZ.

bloß weil man sich dagegen stemmt.

Des Bauern Sinn ist brav und echt,

SPLITTER P.
BAUERN B.
LAND B.
KONSERV. V. P.

nur Politik versteht er schlecht.

Das herrlichste Parteiprogramm

DAS KAPITAL

JOKER

steht schließlich doch vorm Gelde stramm.

EIN BRIEF AN DIE ZUKUNFT

Ich möchte endlich einen Jungen haben,
so klug und stark, wie Kinder heute sind.
Nur etwas fehlt mir noch zu diesem Knaben.
Mir fehlt nur noch die Mutter zu dem Kind.

Nicht jedes Fräulein kommt dafür in Frage.
Seit vielen langen Jahren such ich schon.
Das Glück ist seltner als die Feiertage.
Und deine Mutter weiß noch nichts von uns, mein Sohn.

Doch eines schönen Tages wird's dich geben.
Ich freue mich schon heute sehr darauf.
Dann lernst du laufen, und dann lernst du leben,
und was daraus entsteht, heißt Lebenslauf.

Zu Anfang schreist du bloß und machst Gebärden,
bis du zu andern Taten übergehst,
bis du und deine Augen größer werden
und bis du das, was man verstehen muß, verstehst.

Wer zu verstehn beginnt, versteht nichts mehr
und starrt entgeistert auf das Welttheater.
Zu Anfang braucht ein Kind die Mutter sehr.
Doch wenn du größer wirst, brauchst du den Vater.

Ich will mit dir durch Kohlengruben gehn.
Ich will dir Parks mit Marmorvillen zeigen.
Du wirst mich anschaun und es nicht verstehn.
Ich werde dich belehren, Kind, und schweigen.

Ich will mit dir nach Vaux und Ypern reisen
und auf das Meer von weißen Kreuzen blicken.
Ich werde still sein und dir nichts beweisen.
Doch wenn du weinen wirst, mein Kind, dann will ich nicken.

Ich will nicht reden, wie die Dinge liegen.
Ich will dir zeigen, wie die Sache steht.
Denn die Vernunft muß ganz von selber siegen.
Ich will dein Vater sein und kein Prophet.

Wenn du trotzdem ein Mensch wirst, wie die meisten,
all dem, was ich dich schauen ließ, zum Hohn,
ein Kerl wie alle, über einen Leisten,
dann wirst du nie, was du sein sollst: mein Sohn!

KEINER BLICKT DIR
HINTER DAS GESICHT ...

Niemand weiß, wie arm du bist ...
Deine Nachbarn haben selbst zu klagen.
Und sie haben keine Zeit, zu fragen,
wie denn dir zumute ist.
Außerdem – würd'st du es ihnen sagen?

Lächelnd legst du Leid und Last,
um sie nicht zu sehn, auf deinen Rücken.
Doch sie drücken, und du mußt dich bücken,
bis du ausgelächelt hast.
Und das beste wäre ein Paar Krücken.

Manchmal schaut dich einer an,
bis du glaubst, daß er dich trösten werde.
Doch dann senkt er seinen Kopf zur Erde,
weil er dich nicht trösten kann,
und läuft weiter mit der großen Herde.

Sei trotzdem kein Pessimist,
sondern lächle, wenn man mit dir spricht.
Keiner blickt dir hinter das Gesicht.
Keiner weiß, wie arm du bist ...
(Und zum Glück weißt du es selber nicht.)

Niemand weiß, wie reich du bist …
Freilich mein' ich keine Wertpapiere,
keine Villen, Autos und Klaviere,
und was sonst sehr teuer ist,
wenn ich hier von Reichtum referiere.

Nicht den Reichtum, den man sieht
und versteuert, will ich jetzt empfehlen.
Es gibt Werte, die kann keiner zählen,
selbst wenn er die Wurzel zieht,
und kein Dieb kann diesen Reichtum stehlen.

Die Geduld ist so ein Schatz,
oder der Humor, und auch die Güte,
und das ganze übrige Gemüte.
Denn im Herzen ist viel Platz.
Und es ist wie eine Wundertüte.

Arm ist nur, wer ganz vergißt,
welchen Reichtum das Gefühl verspricht.
Keiner blickt dir hinter das Gesicht.
Keiner weiß, wie reich du bist …
(Und du weißt es manchmal selber nicht.)

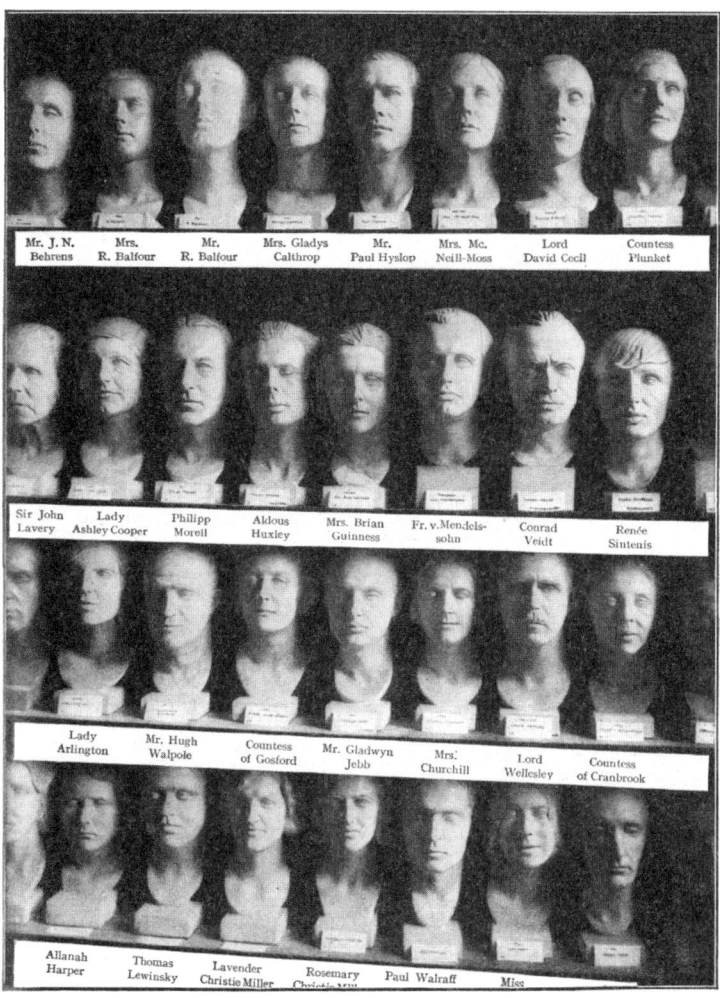

Jeder kann unsterblich werden!
Regale mit Büsten von Zeitgenossen in einer Gipsmasken-Anstalt,
in der sich jeder seine eigene Büste anfertigen lassen kann.

Fot. A. E. Frankl

ZUKUNFT VOR 30 JAHREN

Die Worte des Fünfmark-Orakels waren:
»Ihr Lebensweg sieht anfangs heiter aus.
Erst wenn Sie alt sind, so in 30 Jahren,
steht Ihnen schweres Ungemach ins Haus.

Ein Jahr nach Ihrem dritten Enkelkind
wird Ihnen wer Ihr langes Haar abschneiden.
Und wenn Sie 63 Jahre sind,
läßt sich Ihr erster Mann von Ihnen scheiden.

Sie werden plötzlich goldne Zähne kriegen
und lauter Möbel aus gebognem Stahl.
Dann seh ich Sie halbnackt im Sande liegen.
Hiernach verheiraten Sie sich nochmal.«

Die Kundin sprach: »Das wollen wir nicht hoffen«,
und glaubte, was ihr noch bevorstand, nicht.
Doch neulich ist das meiste eingetroffen!
(Was nur für eine der zwei Frauen spricht.)

Fot. Becker & Maaß

EIN MÄDCHEN TRÄUMT ...

Eine Fotofantasie
mit Versen von Erich Kästner

Sie blättert, liest, betrachtet und ermißt
am fremden Glanz die eigene Misere.
Erst denkt sie: »Wenn ich doch wer andres wäre ...«
Dann glaubt sie gar, daß sie wer andres ist!

Sie reißt die Helm von Jan Kiepuras Munde,
weil es sie selbst in diese Gegend treibt.
Der Traum währt eine endlose Sekunde,
Brigitte Helm mag zuseh'n, wo sie bleibt!

Sie zwängt sich neben Tauber durch die Menge,
und Tausende umjubeln sie und ihn.
Sie liebt Gedränge, Menge und Empfänge.
Ihr Garten Eden liegt im Magazin.

Was sie auch sieht: stets führt sie sich im Schilde.
In jedes Foto schickt sie ihr Gesicht.
Sie sieht ein Bild – und schon ist sie im Bilde!
Sogar vor Chaplin fürchtet sie sich nicht.

Hier kämpft sie um die deutsche Meisterschaft.
Sie packt den Speer und wirft ihn sehr weit fort.
(Und ist's auch kein Rekord der Muskelkraft,
so ist es doch ein Phantasie-Rekord.)

Hierorts bricht sie vor Englands Königin,
fast wie vom Blitz getroffen, in die Knie.
Sie war im Damen-Einzel Siegerin.
Das hat sie nun von soviel Phantasie!

Sie gibt den Startschuß zum Sechs-Tage-Rennen,
wie sich's für Schönheitsköniginnen schickt.
In jeder Frau will sie sich selbst erkennen.
Sie schließt die Augen, bis sie sich erblickt.

Und dann zum Schlusse, kurz vorm Schlafengehen,
sieht sie sich gar im weißen Hochzeitskleid
mit Willy Fritsch vor dem Altare stehen.
Schlaf wohl, mein Fräulein! Fritsch hat keine Zeit ...

Fotomontage Hoinkis

Dann kommt der Tag und schlägt die Wünsche nieder.
Die Sonne schloß das Tor der Traumfabrik.
Der, ach, so weitgereiste Kopf kehrt wieder
auf seinen angestammten Hals zurück.

Das kleine Fräulein steht im Strumpfgeschäft
mit beiden Strümpfen wieder auf der Erde
– zu Hause liegt das illustrierte Heft –
und betet, daß es wieder Abend werde …

SO LEBEN SIE SICH AUS ...

Am Tisch der Intellektuellen

Da wird die schlechte Welt verbessert.
Der liebe Gott hat sich geirrt.
Und alles Rätselhafte wird
durch dünne Lösungen verwässert.

Es gibt da Fragen, die's nicht gibt!
Die eignen sich am allermeisten,
mit viel Getöse nichts zu leisten,
und sind deswegen sehr beliebt.

So sind die Leute. Doch was tut es?
Vom Denken wird der Mensch nicht krank.
Er wird nur Eines: er wird schlank!
Und das hat schließlich auch sein Gutes.

Am Stammtisch

Es gibt jedoch auch andre Herrn.
Die sagen (Geld erworben habend)
zu ihrem Schädel: »Feierabend!«
und halten sich vom Denken fern.

Sie sind entschlossen abzuwarten
und stellen ihrem Kopf kein Bein.
Sie lassen Fragen Fragen sein
und spielen mittlerweile Karten.

So sind die Leute. Doch was tut es?
Sie suchen und sie finden Ruh.
Sie nehmen täglich ein Pfund zu.
Und das hat schließlich auch sein Gutes.

Zeichnungen von Martin Koser

»JETZT TRITT ER INS LEBEN ...«

Aus der Sammlung Professor Stenger

Da steht er nun, als Mann verkleidet,
und kommt sich nicht geheuer vor.
Fast sieht es aus, als ob er leidet.
Er ahnt vielleicht, was er verlor ...

Er trägt die erste lange Hose.
Er spürt das erste steife Hemd.
Er macht die erste falsche Pose.
Zum erstenmal ist er sich fremd.

Womöglich kann man noch genauer
erklären, was den Jungen quält:
Die Kindheit starb; nun trägt er Trauer
und hat den Anzug schwarz gewählt.

Er hört sein Herz mit Hämmern pochen.
Er steht und fühlt, daß gar nichts sitzt.
Die Zukunft liegt ihm in den Knochen.
Er sieht so aus, als hätt's geblitzt.

Er steht dazwischen und daneben.
Er ist nicht groß. Er ist nicht klein.
Was nun beginnt, nennt man das Leben.
Und morgen früh tritt er hinein.

SONG AUF TANTE BERTHAS GUTES SOFA

Ein Sofa steht im Walde
ganz still und stumm.
Die Bäume sind das einzige
Publikum.

Sagt, wem mag das Sofa sein,
das hier steht im Wald allein?
Ein Sofa steht im Walde,
wer weiß, warum.

Es leidet voll Erbitterung
die Unbilden der Witterung.
Es hustet vor sich hin und stöhnt.
Es ist das Klima nicht gewöhnt.

Der Regen rinnt. Der Sturm heult laut.
Das Kanapee kriegt Gänsehaut.
Nachts weint es leise in die Kissen.
Der Mond erzählt's. Der muß es wissen.

Fot. Lehmann

Für so ein Sofa ist der Wald
ein Jammer und kein Aufenthalt.
Es denkt den größten Teil der Zeit
gerührt an die Vergangenheit.

Es träumt von Berthas Streuselkuchen
und Tante Hildegards Besuchen.
Wie schön das klang, wenn Tante sprach:
»Fritz, eure Uhr geht wieder nach!«

Dies Sofa ist ein Emigrant,
der keine zweite Heimat fand.
Und nur weil's keine Beine hat,
läuft es nicht wieder in die Stadt.

Ein Sofa steht im Walde
und sehnt sich heim.
Ein Sofa geht im Walde
allmählich aus dem Leim.

ANHANG

ZUR GESCHICHTE DES *UHU*

»Ein Monatsblatt, wie es bisher fehlte«

Der Geburt des *Uhu* am 10. Oktober 1924 vorausgegangen war ein außerordentlich aufwendig inszenierter Werbefeldzug, bei der die Propagandaabteilung des Hauses Ullstein sämtliche Register dessen zog, was zu jener Zeit verkaufstechnisch State of the Art war. Dieser Anglizismus respektive Amerikanismus ist hier durchaus am Platz: Erstens kamen die modernsten Marketingmethoden, wie so vieles andere auch, von jenseits des Großen Teichs. Zweitens dienten als Vorbilder des *Uhu* einerseits *The American Magazine* (Springfield, Ohio), andererseits *The Strand Magazine* (London). Und drittens hatte man für die kostspielige Kampagne unter anderem den britischen Cartoonisten Henry Mayo (besser bekannt als H. M.) Bateman angeheuert. Seine prägnanten Karikaturen zur Promotion des neuen Ullstein-Produkts waren bereits vor dem Verkaufsstart omnipräsent – als Anzeigen in Zeitungen, Zeitschriften und Illustrierten, aber auch auf Aushängen an Zeitungskiosken, auf großformatigen Plakaten und an Litfaßsäulen.

Aber nicht nur die potenzielle Leserschaft wollte man bei Ullstein mit aufwendig orchestrierter Reklame ansprechen – auch das Fachpublikum sollte gezielt auf den *Uhu* aufmerksam gemacht werden: das Druckgewerbe, der Verlagssektor und die Buchbranche. Besonders nachdrücklich geschah das im *Börsenblatt für den Deutschen Buchhandel*: In dessen Ausgabe vom 23. September 1924 prangte der vom Grafiker Busso Malchow geschaffene Vogel unübersehbar groß auf nicht weniger als einem Dutzend Seiten, auf dem Titel sogar in Rot auf gelbem Grund (was kein Zufall war, denn beides waren für Ullstein typische Farben, wie sie zum Beispiel auch für zwei populäre Romanreihen des Verlags verwendet wurden). Das Ganze bildete gleichsam eine in sich abgeschlossene Erzählung, wobei jede Seite ein anderes Stichwort, einen weiteren Anreiz lieferte. Es begann mit dem Versprechen: »Ein Monatsblatt, wie es bisher fehlte«, und endete mit dem Appell: »Preis 1 Mark! Bestellen Sie sofort!«

Kein Wunder, dass der derart neugierig gemachte Adressatenkreis sich wie wild auf das vollmundig angepriesene Heft stürzte und die Startauflags, die laut der Ankündigung des Verlags »100 000 nicht überschreiten« werde, mit ihrem Erscheinen praktisch auch schon ausverkauft war. Schon einen Tag später, am 11. Oktober, vermeldete Ullstein in einer wie gewohnt ganzseitigen *Börsenblatt*-Anzeige: »1. Auflage vergriffen!« Und der abgebildete Uhu präsentierte sich diesmal statt flammend rot im schwarzen Trauerkleid, zerknirscht, zwei dicke Tränen vergießend und mit ziemlich zerfleddertem Gefieder, wohl um zu zeigen, wie heftig man sich um ihn gerissen hatte.

Die Macherinnen und Macher

In den ersten anderthalb Jahrgängen bzw. 18 Ausgaben des *Uhu* war derselbe Herausgeber aufgeführt wie bei der Kinderzeitschrift *Der heitere Fridolin*: Peter Pfeffer. Dabei handelte es sich allerdings um ein Pseudonym, und zwar für Kurt Szafranski, den Zeitschriftendirektor bei Ullstein. Im März 1926 übernahm dann derjenige Mann die Schriftleitung des *Uhu*, der die Geschicke des Magazins fortan und fast bis zum Ende prägen sollte: Friedrich Kroner.[*]

Wie in der Einleitung erwähnt, hatte Walter Trier den Großteil der Titelbilder für die ersten beiden *Uhu*-Jahrgänge geschaffen. In den folgenden drei Jahren war er dann nur noch sporadisch auf dem Umschlag zu sehen und in den Jahrgängen sechs bis acht sowie zehn gar nicht mehr – im Innern der Hefte dagegen blieb Trier mit seinen Zeichnungen stets präsent, und zwar bis zur allerletzten Nummer vom September 1934. Statt Karikaturen waren auf dem Cover ab 1927 vor allem Frauen zu sehen, besonders häufig als Porträt gemalt, mehrfach auch in Aktion, wobei nicht selten mehrere Bilder hintereinander vom selben Künstler stammten, so von Walter Essenther, Imre Goth, Kurt Heiligenstaedt, Karl Schenker und Viktor Friese.

---

[*] Bei den letzten fünf Ausgaben zeichnete Cläre With für die Hauptschriftleitung verantwortlich; sie war schon seit 1929 für den *Uhu* tätig gewesen. Näheres über Friedrich Kroner, aber auch zur Geschichte des *Uhu* ist nachzulesen bei Eva Noack-Mosse: *Uhu*. In: *Hundert Jahre Ullstein 1877–1977*. Herausgegeben von W. Joachim Freyburg und Hans Wallenberg. Vier Bände. Frankfurt a. M./Berlin: Ullstein Verlag, 1977. Hier: Band 2, S. 177–207.

Der *Uhu* war, auch wenn Ullstein diesen Anschein gern erweckte, bei seiner Premiere am 10. Oktober 1924 beileibe weder der Erste seiner Art noch der Einzige seines Formats. So existierte in Berlin bereits seit 1903 das illustrierte Wochenmagazin *Roland* und seit 1921 *Der Querschnitt*, ursprünglich herausgegeben als »Marginalien« der Galerie Flechtheim in Düsseldorf (ab November 1924 erschien diese anspruchsvolle »Zeitschrift der aktuellen Ewigkeitswerte« dann aber im zum Ullstein-Konzern gehörenden Propyläen-Verlag). Seit Juli 1923 gab es außerdem *Das Leben* sowie seit April 1924 *Der Die Das* und *Die Grosse Welt*, allesamt herausgegeben von der Leipziger Verlagsdruckerei, Erich Kästners damaliger Arbeitgeberin, die sie noch kurz vor dem erstmaligen Erscheinen des *Uhu* in doppelseitigen Anzeigen anpries als »Deutschlands erste Magazine«. Unmittelbar vor und nach dem *Uhu* drängten zwei weitere ähnlich ausgerichtete Publikationen auf den Markt: im September 1924 *Das Magazin*, dessen Verlag sich in Dresden befand, die Schriftleitung dagegen in Berlin, und Ende Oktober *Scherl's Magazin*, herausgegeben vom Berliner August Scherl Verlag, neben dem Verlag Rudolf Mosse und dem Hugenberg-Konzern Ullsteins größter Gegenspieler. Im November 1926 kam als weitere Nebenbuhlerin schließlich noch die ebenfalls in Berlin erscheinende *Revue des Monats* dazu.

Die erste Auflage des *Uhu* hatte laut Verlagsangaben 100 000 Stück nicht überschritten. Für den Zeitraum zwischen Juli 1926 und April 1933 existieren beglaubigte Quartalszahlen; gemäß denen lag die Auflage bis Ende 1931 meistens zwischen 160 000 und 190 000 Exemplaren, überschritt dreimal die 200 000er-Grenze, erreichte im dritten Quartal 1929 mit 211400 ihren Höhepunkt, begann ab dem Frühjahr 1932 deutlich zurückzugehen, bis sie ein Jahr später mit 111230 Stück auf den tiefsten Stand abgerutscht war.

Der neunte Jahrgang wurde verlängert und endete statt mit Heft 12 im September erst mit der Nummer 15 im Dezember 1933 – und mit ihm starb gewissermaßen auch der »alte« *Uhu*: Denn fortan erschien sein Name nur noch etwas verschämt unterhalb der Dachzeile *Neue Monats-Hefte*, und das Magazin mutierte zur zunehmend völkisch anmutenden Familienzeitschrift, in der natürlich bald auch das erste Foto des »Führers« auftauchte und an der nur noch das Blattformat größer war als beim Vorgänger. Autorinnen und Autoren von Rang und Namen suchte man darin vergebens, und es setzte eine regelrechte Verflachung, Verharmlosung, ja Verbiederung ein, weshalb es im Nachhinein nicht überrascht, dass im September 1934 nach exakt 120 Ausgaben Schluss war.[*]

* Wer nun neugierig geworden ist, beschaffe sich am besten antiquarisch eines der originalen Hefte oder den über 350-seitigen Auswahlband *Uhu – Das Magazin der 20er Jahre*, zusammengestellt und herausgegeben von Christian Ferber, veröffentlicht 1979 im Ullstein-Verlag. Darüber hinaus sind die zehn *Uhu*-Jahrgänge komplett digitalisiert zugänglich; der Einstieg ist zu finden unter https://www.arthistoricum.net/themen/textquellen/illustrierte-magazine-der-klassischen-moderne/die-zeitschriften/uhu.

ERLÄUTERUNGEN ZU
KÄSTNERS *UHU*-GEDICHTEN

Wo nicht anders vermerkt, werden Erich Kästners Texte nach folgender Ausgabe zitiert: Erich Kästner: *Werke* [in neun Bänden, I–IX]. Herausgegeben von Franz Josef Görtz. München/Wien: Carl Hanser Verlag, 1998. Abgekürzt als EKW, ergänzt um die jeweilige Bandnummer. Wertvolle Informationen, in erster Linie über weitere Gedichte Kästners, verdanken sich der Arbeit von Johan Zonneveld: *Bibliographie Erich Kästner*. Bielefeld: Aisthesis Verlag, 2011 (Band I–III) und 2021 (Band IV). Die Briefe Erich Kästners und Ida Kästners befinden sich im Deutschen Literaturarchiv (DLA) in Marbach; aus ihnen wird mit freundlicher Genehmigung des Nachlassverwalters und des DLA zitiert.

In der Seitenstraße

Erstdruck: *Uhu*, Jg. 5, H. 12, September 1929, S. 20; Zeichnung von Willibald Krain.

Willibald Krain (1886–1945) war ursprünglich Maler, wirkte dann aber vor allem als Pressezeichner, zum Beispiel für die Satirezeitschriften *Lustige Blätter*, *Der wahre Jacob* und die *Jugend*, aber auch für die *Berliner Illustrirte*

Zeitung – in Letzterer erschien am 27. April 1930 ein weiteres Gedicht Kästners mit einer Illustration von Krain: *Freude in bescheidnen Grenzen* (Jg. 39, Nr. 17, S. 735; in keinem von Kästners Büchern enthalten*).

Kästner übernahm *In der Seitenstraße* ein Jahr später, 1930, unverändert für seinen dritten Gedichtband, *Ein Mann gibt Auskunft*. 1936 erschien das Gedicht dann auch in der Auswahl *Doktor Erich Kästners Lyrische Hausapotheke*; gemäß der dortigen »Gebrauchsanweisung« ist es zu lesen, »wenn uns die Großstadt zum Hals heraushängt« oder »wenn man etwa ein junges Mädchen ist«.

nur zur Verrechnung: Die Wendung stammt aus dem Bankwesen. Im Unterschied zum Barscheck wird der auf einem Verrechnungsscheck genannte Geldbetrag nicht bar ausgezahlt, sondern dem Konto derjenigen Person gutgeschrieben, die den Scheck vorlegt. »Verrechnung« im Allgemeinen bedeutet den gegenseitigen Ausgleich von Ansprüchen. Wer sich »nur zur Verrechnung« lieb hat, so könnte man sagen, will auf seine Kosten kommen – und dabei nicht zu kurz kommen, denn dann hätte er (oder sie) sich verrechnet …

Betten-Ballade

Erstdruck: *Uhu*, Jg. 6, H. 2, November 1929, S. 91; Foto von Schnitzer.

Kästner hatte ein Faible für die Ballade als episch-dramatische Form der Lyrik, denn viele seiner Texte sind solche Erzählgedichte. Es gibt darüber hinaus noch mehrere andere Gedichte Kästners, in denen das Wort schon

---

* Das Gedicht ist aber abgedruckt in: Udo Achten (Hg.): »*... denn was uns fehlt, ist Zeit«. Geschichte des arbeitsfreien Wochenendes.* Köln: Bund-Verlag, 1988, S. 186.

im Titel auftaucht: *Marionettenballade, Ballade vom Defraudanten, Die Staub-saugerballade, Kurt Schmidt, statt einer Ballade, Kostümballade, Die Ballade vom Misstrauen, Die Ballade vom Nachahmungstrieb* und *Die Ballade vom Herrn Steinherz.*

Lieschen Neumann will Karriere machen.
Das Scheindasein vor der Kamera

Erstdruck: *Uhu*, Jg. 6, H. 6, März 1930, S. 68–73; Aufnahmen Yva.

Yva war der Künstlername für die Berliner Fotografin Else Ernestine Neuländer-Simon (1900–1942), die sich ab Mitte der 1920er-Jahre insbesondere mit Porträt- und Modeaufnahmen, aber auch mit Aktbildern einen Namen machte. Sie arbeitete mit ihrem Atelier außer für den *Uhu* noch für zahlreiche weitere Magazine wie *Der Querschnitt, Die Dame, Das Leben, Das Magazin, Scherl's Magazin, Revue des Monats* und *Das Kriminal-Magazin*. 1933 erschien in der Februarnummer von *Das Leben* ein ganzseitiges Fotoporträt Kästners, das Yva aufgenommen hatte, unterschrieben mit »Erich Kästner, der lyrische Ironiker« (10. Jg., Nr. 8, S. [78]).

Beatrice Garga wirkte seit Mitte der 1920er-Jahre als Solotänzerin im Berliner Lustspiel- und Revuetheater Großes Schauspielhaus und hatte 1927 eine kleine, im Abspann nicht erwähnte Rolle in Fritz Langs Film *Metropolis* (als eine der »Frauen der ewigen Gärten«).

Kästner nahm das Gedicht ein halbes Jahr später in seinen dritten Lyrikband *Ein Mann gibt Auskunft* auf, jedoch unter dem Titel *Karriere?*. Außerdem fehlten in dieser Fassung die vierte und die sechste Strophe, dafür wurde die letzte, im *Uhu* als einzige acht Verse umfassende Strophe zweigeteilt, sodass daraus im Buch ebenfalls Vierzeiler wurden.

Darüber hinaus hatte Kästner das Gedicht im Buch neu mit folgendem Zusatz versehen: »Anmerkung: Begabung ist übrigens kein Hinderungsgrund, gleichfalls Hungerkünstler zu werden.«

Lieschen Neumann wird hier offenbar als Synonym für eine junge Durchschnittsdame verwendet. Ähnlich ist heutzutage »Lieschen Müller« in Gebrauch.

Fjodor Iwanowitsch Schaljapin (1873–1938) war ein russischer Opernsänger der Stimmlage Bass. Nach seiner Emigration in den Westen hatte er Engagements an der Mailänder Scala, der Metropolitan Opera in New York sowie an den Opern in Paris und London.

Wilhelm Heinrich Solf (1862–1936), deutscher Diplomat, Politiker und Publizist, wurde 1900 Gouverneur von Deutsch-Samoa und 1911 Staatssekretär im Reichskolonialamt; von 1920 bis 1928 war er Botschafter in Tokio. Veröffentlichte mehrere Bücher zu kolonialen Themen.

Koryphäe: Person, die sich durch außergewöhnliche Leistungen auf einem Gebiet auszeichnet, an der Spitze eines bestimmten Bereichs steht.

Kunstdruckblätter: Reproduktionen von Fotos oder Bildern auf hochwertigem Papier.

Volant: Lenk- bzw. Steuerrad eines Automobils.

Seal: Fell der Pelzrobbe.

Crêpe de chine: auch China-Krepp; hochwertiger, geschmeidiger Stoff aus Natur- oder Kunstseide.

Zobeljacken: bestehen aus Marderpelz.

Zwei Photos – eine Straße ...

Erstdruck: *Uhu*, Jg. 6, H. 12, September 1930, S. 18/19; unter dem Pseudonym Peter Flint; Foto Vennemann / Foto Thaller.

Kästner benutzte das Pseudonym *Peter Flint* so häufig wie kein anderes, insgesamt nämlich etwa fünfzigmal, vornehmlich für Gedichte.

Albert Vennemann (1885–1967) war einer der bekanntesten Fotografen im Berlin der Weimarer Republik und fing den Alltag der Metropole in unzähligen Aufnahmen ein. 1932 wurde seinem Schaffen eine riesige Ausstellung gewidmet mit dem Titel »1000 Ansichten von Berlin«.

Liegnitz: rund 75 000 Einwohner zählende Stadt in der damals zu Preußen gehörenden Provinz Niederschlesien mit der Hauptstadt Breslau; heute Legnica (Polen).

Reichstags-Rommé. Jeder sein eigener Diktator

Erstdruck: *Uhu*, Jg. 7, H. 3, Dezember 1930, S. 49–56. ; Zeichnungen Martin Koser.

Martin Koser (1903–1971) gehörte ebenfalls zu den Stammillustratoren des *Uhu*, zusammen mit Karl Arnold, Ferdinand Barlog, Fritz Eichenberg, Charles Girod, Erich Godal, Otto Linnekogel, Horst von Moellendorff, Albert Schaefer-Ast und Walter Trier. Später gestaltete er mit seiner Frau Ruth Koser-Michaëls Bilder- und Heimatbücher, Märchen und Sagen, nach dem Zweiten Weltkrieg dann auch Kinderbuchklassiker wie *Heidi* von Johanna Spyri oder *Der kleine Lord* von Frances Hodgson Burnett.

Kohser bebilderte ein weiteres *Uhu*-Gedicht Kästners: *So leben sie sich aus ...* (siehe Seite 64 ff.).

Historischer Hintergrund

Nach der Reichstagswahl vom 20. Mai 1928 mit Gewinnen für die Linke entstand statt der bürgerlichen Regierung eine Große Koalition aus fünf Parteien: Sozialdemokratische Partei Deutschlands (SPD), Deutsche Zentrumspartei (Zentrum), Bayerische Volkspartei (BVP), Deutsche Demokratische Partei (DDP) und Deutsche Volkspartei (DVP). Reichskanzler wurde Hermann Müller (SPD). Das Regierungsbündnis zerbrach im März 1930 an den Differenzen zwischen der SPD und der DVP. In der Folge wurde der Zentrumspolitiker Heinrich Brüning von Reichspräsident Hindenburg zum Kanzler ernannt. Sein sogenanntes Präsidialkabinett (das erste der Weimarer Republik) amtierte bis zum 9. Oktober 1931; es setzte sich vornehmlich aus Mitgliedern von Zentrum, DDP, DVP und BVP zusammen.

Das *Reichstags-Rommé* spiegelt die Zusammensetzung des Reichstags nach der Wahl vom 14. September 1930. Auffallendstes Ergebnis dieser Wahl war der enorme Zugewinn für die Nationalsozialisten, die ihren Stimmenanteil von 2,6 Prozent im Jahre 1928 auf 18,3 Prozent steigern konnten und damit die zweitstärkste Partei bildeten. Die grundsätzlichen Kräfteverhältnisse – 220 Sitze für die Linke, rund 200 für die Mitte und 150 für die Rechte – boten eine schwierige, spannungsgeladene Konstellation, die mehrere Koalitionen als möglich erscheinen ließ. Und genau darum ging es in dem *Reichstags-Rommé,* wie der einleitende Text im *Uhu* verdeutlichte.[*]

---

[*] Die Spielregeln sind abgedruckt in: Erich Kästner: *Resignation ist kein Gesichtspunkt. Politische Reden und Feuilletons.* Herausgegeben von Sven Hanuschek. Zürich: Atrium, 2023, S. 46 f.

Das *Reichstags-Rommé* besteht aus 32 Karten plus einem Joker. Somit entspricht eine Karte 18 Sitzen. Das macht acht Karten für die SPD, sechs für die NSDAP, je vier für die KPD und das Zentrum, je zwei für die DNVP und die DVP sowie je eine für die Wirtschaftspartei, die DStP, die BVP, das Landvolk, den CSVD und die vier »Splitterparteien«. Auf der Vorderseite der Karten hat man die bedeutendsten bzw. bekanntesten Vertreter der jeweiligen Parteien abgebildet,* wobei ihre Führer zusätzlich mit einem »F« gekennzeichnet sind, auf der Rückseite hingegen wurden die Parteiprogramme abgedruckt.

Im Folgenden werden die im Kartenspiel genannten Politiker in aller Kürze charakterisiert.

Sozialdemokratische Partei Deutschlands (SPD)

Otto Landsberg (1869–1957), Jurist und Anwalt. 1919 bis 1920 Reichsjustizminister. 1925 Rechtsbeistand von Friedrich Ebert im Münchner Gerichtsprozess um die »Dolchstoßlegende«.

Philipp Scheidemann (1865–1939), Schriftsetzermeister, Redakteur, Publizist. Proklamierte während der Novemberrevolution 1918 die Deutsche Republik. 1919 Reichsministerpräsident.

Rudolf Hilferding (1877–1941), marxistischer Ökonom und Publizist. 1923 sowie 1928–1930 Reichsminister der Finanzen.

Carl Severing (1875–1952), Schlossergeselle, später Gewerkschaftsfunktionär. 1920–1926 und 1930–1932 Innenminister des Freistaates Preußen, 1928–1930 Reichsinnenminister.

---

* Ausnahmen bilden – neben dem Joker – das Landvolk, das durch eine Kuh repräsentiert wird, und die Splitterparteien, für die ein Hahn als Symbol gewählt wurde.

Otto Braun (1872–1955), gelernter Drucker, danach Redakteur. 1920–1932 (mit zwei Unterbrechungen 1921 und 1925) Ministerpräsident des Freistaates Preußen.

Paul Löbe (1875–1967), Schriftsetzer, 1903–1919 Chefredakteur der *Volkswacht* in Breslau. 1920–1924 und 1925–1932 Reichstagspräsident.

Rudolf Breitscheid (1874–1944), Nationalökonom, Publizist. 1918/19 Innenminister in Preußen, später Vorsitzender und außenpolitischer Sprecher der SPD-Reichstagsfraktion.

Hermann Müller (1876–1931), kaufmännische Lehre, Gewerkschafter, Redakteur. 1920–1928 Vorsitzender der SPD-Reichstagsfraktion, 1919/20 sowie 1928–1930 Reichskanzler.

»Man merkt beim Anblick der acht Herrn: / Karl Marx war früher mal modern«: Sämtliche SPD-Exponenten waren ältere Herren von Mitte fünfzig – und damit geboren worden, als Marx noch lebte.

»unsre größte Volkspartei«: Die SPD hatte bei allen Reichstagswahlen zwischen 1919 und 1930 am meisten Stimmen aller Parteien erzielt.

»und naht der bürgerlichen Mitte«: Seit je sah sich die SPD mit dem Vorwurf konfrontiert, sie rücke zu sehr von ihren ursprünglichen linken Idealen ab, um regierungsfähig zu sein bzw. mehrheitsfähig zu werden.

»Drum schließe sich, sprach Thomas Mann, / der Bürger Hermann Müllern an«: Am 17. Oktober 1930 hielt Thomas Mann im Berliner Beethoven-Saal einen Vortrag mit dem Titel *Deutsche Ansprache – Ein Appell an die Vernunft*. Er reagierte damit auf die Reichstagswahl vom 14. September, bei der die NSDAP auf 18,3 Prozent der Stimmen gekommen war und damit die zweitstärkste Fraktion bildete. Der Dichter appellierte an das Bürgertum, sich auf die Seite der Sozialdemokratie zu stellen, und bezog vehement gegen den Nationalsozialismus Stellung.

Nationalsozialistische Deutsche Arbeiterpartei (NSDAP*)

Adolf Hitler** (1889–1945), Österreicher, Schulabbrecher, Maler. Ab 1921 Vorsitzender der NSDAP. 1923 erfolgloser Putsch in Bayern. Veröffentlichte 1925 die Programmschrift *Mein Kampf.*

Wilhelm Frick (1877–1946), Jurist, Verwaltungsbeamter. 1923 Beteiligung am »Hitlerputsch«. 1930 Staatsminister für Inneres und Volksbildung in Thüringen.

Gregor Strasser (1892–1934), Pharmazeut, Kriegsveteran. 1923 Teilnahme am »Hitlerputsch«. 1926–1928 Reichspropaganda- und seit 1928 Reichsorganisationsleiter der NSDAP.

Ludwig Münchmeyer (1885–1947), ab 1920 Pastor. 1925 Vorwürfe wegen Amtsanmaßung und sexueller Verfehlungen. Seit 1928 Reichsredner der NSDAP. 1929 Entzug des Pastorentitels.

Franz Ritter von Epp (1868–1947), Berufsoffizier. Kompanieführer in Deutsch-Südwestafrika, Weltkriegsteilnehmer. 1919 Gründung des Freikorps Epp, 1923 Ausscheiden aus der Reichswehr.

Joseph Goebbels (1897–1945), Studium der Germanistik und der Geschichte. Ab 1926 Gauleiter von Berlin-Brandenburg, seit 1927 Herausgeber der Wochenzeitung *Der Angriff.*

Wotan: höchster germanischer Gott.

Paroxismus: eigtl. Paroxysmus; heftige, leidenschaftliche Aufregung; Zustand, in dem das Fieber seinen höchsten Grad erreicht hat.

»Sie heben ihre Hand zum Gruß«: Beim »Deutschen Gruß« (auch »Hitlergruß«) wurde der rechte Arm auf Augenhöhe schräg nach oben gestreckt;

---

* Auf den Karten lautet die Abkürzung stattdessen NSAPD.

** Hitler war als einziger der abgebildeten Politiker kein Mitglied des Reichstags.

diese Praxis war eine Übernahme des *Saluto romano,* den die italienischen Faschisten um Mussolini pflegten.

Kommunistische Partei Deutschlands (KPD)

Ernst Thälmann (1886–1944), ungelernter Arbeiter, Weltkriegsteilnehmer. 1919 Wahl in die Hamburgische Bürgerschaft. Vorsitzender des Roten Frontkämpferbundes und der KPD.

Willi Münzenberg (1889–1940), Wanderarbeiter, Redakteur, Verleger (»Münzenberg-Konzern«), u. a. von *Welt am Abend* und *Arbeiter-Illustrierte-Zeitung (A-I-Z).*

Heinz Neumann (1902–1937), abgebrochenes Studium der Philologie und der Philosophie. Chefredakteur der *Roten Fahne* und zeitweise wichtigster Parteiideologe der KPD.

Wilhelm Pieck (1876–1960), Tischler, Gewerkschaftsfunktionär, Teilnahme am Weltkrieg. Mitbegründer der KPD, Mitglied im Exekutivkomitee der Kommunistischen Internationale.

»In Rußland sitzt die große Sphinx«: Josef Stalin, als Generalsekretär des Zentralkomitees der Kommunistischen Partei der Sowjetunion de facto Staatsoberhaupt, wurde manchmal auch die »Sphinx von Moskau« genannt.

Deutsche Zentrumspartei (Zentrum)

Ludwig Kaas (1881–1952), katholischer Theologe und Kirchenrechtler. Außenpolitiker und deutscher Delegierter beim Völkerbund. Seit 1928 Vorsitzender der Zentrumspartei.

Adam Stegerwald (1874–1945), Schreiner. 1919–1929 Vorsitzender des Deutschen Gewerkschaftsbundes. 1929/30 Reichsverkehrsminister, seit März 1930 Reichsarbeitsminister.

Heinrich Brüning (1885–1970), Studium der Staatswissenschaften und der Nationalökonomie, Weltkriegsteilnehmer. 1929 Fraktionsvorsitzender, seit März 1930 Reichskanzler.

Joseph Wirth (1879–1956), Studium der Sozialökonomie und der Mathematik, im Krieg Krankenpfleger. 1920 Reichsfinanzminister, 1921/22 Reichskanzler.

»*Von Rom aus wird nicht nur gepredigt*«: Das Zentrum war die Partei des politischen Katholizismus und wurde damit – im Positiven wie im Negativen – oft mit dem Papsttum in Verbindung gebracht.

»*Herr Brüning, milde von Natur, / liebäugelt mit der Diktatur*«: Brünings Regierung war in der Weimarer Republik die erste, die nicht auf eine parlamentarische Mehrheit bauen konnte. Während seiner Zeit als Kanzler regierte er außerdem zunehmend mit Notverordnungen.

Deutschnationale Volkspartei (DNVP)

Elard von Oldenburg-Januschau (1855–1937), Berufsmilitär, Großgrundbesitzer, Agrarlobbyist. Enger Bekannter des Reichspräsidenten Paul von Hindenburg.

Alfred Hugenberg (1865–1951), Volkswirtschaftsstudium. Bergbau-, Rüstungs- und Medienunternehmer (»Hugenberg-Konzern«). Suchte Zusammenarbeit mit Nationalsozialisten.

»*die Partei ist adlig*«: Elard von Oldenburg-Januschau war der Spross einer Rittergutsbesitzerfamilie.

»*das gab es nicht im Kaiserreich*«: Die DNVP wollte unter anderem die Republik beseitigen und die Monarchie wiedereinführen.

Deutsche Volkspartei (DVP)

Julius Curtius (1877–1948), Jurist und Staatswissenschaftler. 1924 stellvertretender Vorsitzender der DVP-Reichstagsfraktion. 1926 Wirtschaftsminister, 1929 Außenminister.

Hans von Seeckt (1866–1936), Berufssoldat, im Weltkrieg Generalstabschef. 1920–1926 Chef der Heeresleitung der Reichswehr.

»Einst lebte man von Ruhm und Glanz / und der Bedeutung Stresemanns«: 1920 hatte die DVP bei der Reichstagswahl 13,9 Prozent der Stimmen erzielt, 1930 waren es lediglich noch 4,7. Ihr wichtigster Exponent war Gustav Stresemann, 1923 Reichskanzler und 1923–1929 Reichsminister des Auswärtigen; 1926 wurde ihm und seinem französischen Amtskollegen Aristide Briand der Friedensnobelpreis zugesprochen.

»Jetzt hat man sich den Herrn von Seeckt / für alle Fälle zugelegt«: Bei der Reichstagswahl von 1930 war von Seeckt, damals im Ruhestand, erstmals für die DVP angetreten.

Reichspartei des deutschen Mittelstandes (Wirtschaftspartei)

Johann Viktor Bredt (1879–1940), Studium von Nationalökonomie und Jurisprudenz. Zunächst Verwaltungsbeamter, dann Professor für Staats- und Kirchenrecht. Seit März 1930 Justizminister.

Deutsche Staatspartei (DStP)

Erich Koch-Weser (1875–1944), Jurist und Volkswirtschaftler. 1913–1919 Oberbürgermeister von Kassel. 1919–1921 Reichsminister des Innern, 1928/29 Justizminister.

»Koch schlug, was übrig war, entzwei / und nannte es: die Staatspartei«: Im Vorfeld der Reichstagswahl von 1930 ging die von Koch-Weser geführte Deutsche Demokratische Partei (DDP) mit der Volksnationalen Reichsvereinigung (VNR) zusammen und benannte sich um in Deutsche Staatspartei (DStP).

Bayerische Volkspartei (BVP)
Erich Emminger (1880–1951), Studium der Rechtswissenschaft. Erst Rechtsanwalt, später Amtsrichter und Staatsanwalt. 1923/24 Reichsjustizminister.
»Das wichtigste sind ihr am Staat / die Länder und das Konkordat«: Die BVP war dezidierte Verfechterin eines starken Föderalismus. – Am 29. März 1924 wurde zwischen dem Freistaat Bayern und dem Heiligen Stuhl in Rom ein Staatskirchenvertrag abgeschlossen, das sogenannte Bayerische Konkordat.

Christlich-Sozialer Volksdienst (CSVD)
Reinhard Mumm (1873–1932), evangelischer Theologe. 1921–1928 Vorsitz im Bildungsausschuss des Reichstags, 1926 Hauptinitiator des »Schmutz- und Schundgesetzes«[*].

Ein Brief an die Zukunft

Erstdruck: *Uhu*, Jg. 7, H. 6, März 1931, S. 53; unter dem Thementitel *Was ich mein Kind lehren möchte / Die Antworten von zwei Dichtern*; auf der Seite links

---

[*] Offiziell lautete die Bezeichnung »Gesetz zur Bewahrung der Jugend vor Schund- und Schmutzschriften«.

neben Kästners Text stand das *Sinngedicht von der Worte Nichtigkeit* von Carl Zuckmayer.

Unter dem Titel *Brief an meinen Sohn* erschien der Text dann praktisch unverändert im Oktober 1932 in Kästners viertem Gedichtbuch, *Gesang zwischen den Stühlen*, sowie 1946 im Auswahlband *Bei Durchsicht meiner Bücher*. Allerdings hatte Kästner den Text am Schluss mit einer »Anmerkung« versehen: »Da der Autor, nach dem Erscheinen des Gedichts in einer Zeitschrift, Briefe von Frauen und Mädchen erhielt, erklärt er, vorsichtig geworden, hiermit: Schriftliche Angebote dieser Art werden nicht berücksichtigt.«

Es dauerte dann bis zum 15. Dezember 1957, also über ein Vierteljahrhundert, ehe Kästner selbst Vater eines Sohnes wurde; er erhielt den Namen Thomas. Geboren hatte ihn die Schauspielerin Friedel Siebert, die Kästner 1949 in München kennengelernt hatte.

»Vaux und Ypern«: Bei Vaux nahe Verdun im französischen Lothringen sowie vor der belgischen Stadt Ypern kam es im Ersten Weltkrieg jeweils zu äußerst verlustreichen Gefechten.

»Meer von weißen Kreuzen«: Auf den einstigen Schlachtfeldern sowie den Soldatenfriedhöfen erinnern unzählige Kreuze an die in den Kämpfen Gefallenen.

Keiner blickt dir hinter das Gesicht ...

Erstdruck: *Uhu*, Jg. 7, H. 7, April 1931, S. 18/19; Foto A. E. Frankl.

Das zweiteilige Gedicht war im *Uhu* auf einer einzigen Seite platziert, je vier Strophen nebeneinander, wobei die erste jeweils mit einer Initiale begann. 1936 erschien das Gedicht schließlich in der Anthologie *Doktor Erich*

Kästners Lyrische Hausapotheke, und zwar auf einer Doppelseite. Beide Texte waren mit *Keiner blickt dir hinter das Gesicht* überschrieben; der erste, linke war untertitelt mit *(Fassung für Beherzte)*, der zweite, rechte mit *(Fassung für Kleinmütige)*.

Der Fotonachweis müsste korrekt »A. & E. Frankl« lauten, denn Alfred Frankl (1898–1955) war nach dem Ersten Weltkrieg in die Fußstapfen seines Vaters Eduard Frankl (1878–1927) getreten und fortan mit ihm zusammen als Bildberichterstatter für verschiedenste Blätter unterwegs.

Zukunft vor 30 Jahren

Erstdruck: *Uhu*, Jg. 9, H. 1, Oktober 1932, S. 43; Foto Becker & Maaß.

Otto Becker und *Heinrich Maaß* gründeten 1902 ein gemeinsames Atelier in Berlin, nachdem sie zuvor beide selbstständig tätig gewesen waren. In der Folge entstanden in ihrem Studio neben Modeaufnahmen auch Porträts zahlreicher Prominenter.

»Fünfmark-Orakels«: Dass sich Menschen, besonders Frauen, die Karten legen ließen, um einen Blick in die Zukunft zu erhaschen, kam nicht nur in der Kaiserzeit durchaus häufig vor, sondern auch in der Weimarer Republik.

Ein Mädchen träumt ...

Erstdruck: *Uhu*, Jg. 9, H. 2, November 1932, S. 14–19; Fotomontage Hoinkis.

Es gibt von Kästner ein sehr ähnlich betiteltes, allerdings ganz anders geartetes Gedicht, in dem nicht Tagträume das Thema sind, sondern ein Albtraum: *Ein gutes Mädchen träumt* (Erstdruck: *Die Weltbühne*, 1. Oktober

1929; aufgenommen in den 1930 veröffentlichten Lyrikband *Ein Mann gibt Auskunft*).

Ewald Hoinkis (1897–1960) war einer der führenden deutschen Fotografen. Ab 1929 betrieb er in Görlitz ein Atelier für Werbe- und Porträtfotografie und eröffnete 1931 eine Filiale in Berlin.

Zu Foto zwei: Die Schauspielerin *Brigitte Helm* (1908–1996) debütierte als »Maschinen-Maria« in Fritz Langs legendärem Monumentalstummfilm *Metropolis* von 1927 und hatte bis 1935 Hauptrollen in zahlreichen weiteren Filmen. *Jan Kiepura* (1902–1966) war ein polnischstämmiger Sänger, der als Tenor an allen wichtigen Opernhäusern zu brillieren vermochte, aber auch als Schauspieler reüssierte. Die Aufnahme der beiden stammt aus dem deutsch-britischen Musikfilm *Die singende Stadt*, der 1930 in die Lichtspielhäuser gekommen war.

Zu Foto drei: Gemeint ist der österreichische Opernsänger und Schauspieler *Richard Tauber* (1891–1948). Besonders populär wurde er 1929 mit dem aus Franz Lehárs Operette *Das Land des Lächelns* stammenden Lied *Dein ist mein ganzes Herz* (Text Ludwig Herzer und Fritz Löhner).

Zu Foto vier: Charlie Chaplin (1889–1977) darf als der zu jener Zeit weltweit wohl berühmteste Schauspieler überhaupt gelten; er hatte seinen aktuellen Film *Lichter der Großstadt* (im Original *City Lights*) 1931 auch in Berlin persönlich vorgestellt.

Zu Foto fünf: Deutsche Meisterin im Speerwurf wurde 1932 die Frankfurterin Tilly Fleischer (1911–2005), die in ihrer Paradedisziplin 1936 auch den Olympiasieg errang. Sie war ebenfalls erfolgreich als Diskuswerferin und Kugelstoßerin sowie Fünfkämpferin.

Zu Foto sechs: »Englands Königin« war Mary of Teck (1867–1953). Sie heiratete 1893 den damaligen Duke of York, der 1910 den britischen Thron bestieg und als George V. Nachfolger seines verstorbenen Vaters Edward VII. wurde. Das Königspaar besuchte regelmäßig auch die berühmten Wimbledon Championships. Auf dem Foto schüttelt die Königin 1926 in Tat und Wahrheit die Hand der damals weltbesten Tennisspielerin, der Französin Suzanne Lenglen, die den Titel im Vorjahr zum sechsten Mal gewonnen hatte.

Zu Foto sieben: Seit 1911 fand im Berliner Sportpalast das Sechstagerennen statt, ein sportliches Großereignis ebenso wie ein bedeutendes gesellschaftliches Spektakel, das sich eines derartigen Publikumsandrangs erfreute, dass es mitunter zweimal jährlich ausgetragen wurde. Zu den regelmäßigen Gästen im großen Oval zählte auch Erich Kästner; er hatte schon 1924 die Glosse *Sechstagerennen* geschrieben (veröffentlicht in der *Neuen Leipziger Zeitung* und im *Leipziger Tageblatt* vom 5. Februar 1924[*]) und fünf Jahre danach auch ein Gedicht darüber verfasst: *6-Tage-Rennen* (erschienen in der Wochenzeitung *Montag Morgen* vom 4. November 1929[**]). Das Foto im *Uhu* stammt von 1932 und zeigt die Vorbereitungen zum Startschuss; die Blumen wurden dabei der Filmschauspielerin Charlotte Susa überreicht.

Zu Foto acht: Willy Fritsch (1901–1973) hatte seit 1921 in einer Vielzahl von Filmen mitgespielt und zählte zu den bekanntesten und bestbezahlten deutschen Darstellern. Besonders beliebt war der Schauspielstar und Sänger bei den Frauen, 1931 entstand sogar ein Schlager mit dem Titel *Ich bin in Willy Fritsch verliebt* – liebend gern geheiratet hätte ihn also nicht nur das träumende Fräulein … Fritsch spielte übrigens 1943 die Hauptrolle in

[*] Abgedruckt in Erich Kästner: *Der Karneval des Kaufmanns. Gesammelte Texte aus der Leipziger Zeit 1923–1927.* Herausgegeben von Klaus Schumann. Leipzig: Lehmstedt, 2004, S. 59 f.

[**] Nachzulesen in Erich Kästner: *Die Montagsgedichte.* Zürich: Atrium, 2022, S. 167 f.

Der kleine Grenzverkehr nach dem Buch von Erich Kästner; der wiederum hatte – unter dem Pseudonym Berthold Bürger – das Drehbuch zu diesem Film verfasst.

So leben sie sich aus ...

Erstdruck: *Uhu*, Jg. 9, H. 5, Februar 1933, S. 26/27; abgedruckt unter dem Kürzel E. K. Mit zwei Zeichnungen von Martin Koser.

Schon Jahre zuvor hatte Kästner die Intellektuellen kräftig aufs Korn genommen, und zwar in seinem zweiten Lyrikband *Lärm im Spiegel* im Gedicht *Zeitgenossen, haufenweise* (Erstdruck: *Die Weltbühne*, 25. Dezember 1928). Strophe vier etwa lautet: »Sie haben am Gehirn enorme Schwielen, / fast als benutzten sie es als Gesäß. / Sie werden rot, wenn sie mit Kindern spielen. / Die Liebe treiben sie programmgemäß.«

Mit dem Stammtisch hat sich Kästner öfter beschäftigt. Ein achtzeiliges Gedicht, abgedruckt in der *Neuen Leipziger Zeitung* vom 15. September 1931, heißt dann sogar explizit *Die Stammtischler**; Kästner spart darin nicht mit Spott, wie die ersten vier Verse verdeutlichen: »Schließlich, weil sie schon so lange sitzen, / treibt ihr Plattfuß langsam Wurzelspitzen. / Bier und Tabak macht sie steif und stolz, / und sie werden nach und nach zu Holz.« Dem Kartenspiel als besonders beliebtem Stammtischsport hat Kästner ebenfalls ein eigenes Gedicht gewidmet: *Festlied für Skat-Turniere*, aufgenommen in den dritten Lyrikband, *Ein Mann gibt Auskunft*, von 1930

---

* Es erschien unter dem Obertitel *Zeitgenossen* zusammen mit drei weiteren kurzen Gedichten: *Der Schmeichler, Der Tugendhold* (gemeint ist wohl Tugendbold) und *Der Streber*. Johan Zonneveld hat mir diesen Text freundlicherweise aus seinem Fundus zur Verfügung gestellt.

(Erstdruck: *Arbeiter-Illustrierte-Zeitung* [A-I-Z], 22. März 1930*). Nicht zu vergessen seine ganz eigene Kreation: das *Reichstags-Rommé*, ein »lustiges Kartenspiel für ernste Zeiten«, das im *Uhu* vom Dezember 1930 erschienen ist – notabene wie *So leben sie sich aus* ... passenderweise ebenfalls mit Illustrationen von Martin Koser (siehe Seite 41 ff.).

»Jetzt tritt er ins Leben ...«

Erstdruck: *Uhu*, Jg. 9, H. 5, Februar 1933, S. 49; Foto aus der Sammlung Professor Stenger.

Erich Stenger (1878–1957) war ein deutscher Chemiker, dessen wissenschaftliches Interesse vor allem der Entwicklung und Anwendung fotochemischer Verfahren galt. 1922 wurde er außerordentlicher Professor an der Technischen Hochschule Berlin, 1928 Leiter der Dokumenten- und Porträtsammlung an der Preußischen Staatsbibliothek zu Berlin.

Unter dem Titel *Zur Fotografie eines Konfirmanden* fand dieses Gedicht Aufnahme in den 1936 erschienenen Auswahlband *Doktor Erich Kästners Lyrische Hausapotheke*. Dabei wurden jedoch die dritte und die vierte Strophe vertauscht. Gemäß der »Gebrauchsanweisung« der *Hausapotheke* ist das Gedicht zu lesen, »wenn man an die Jugend denkt« oder »wenn man Kinder sieht«.

Im Nachlass findet sich ein Typoskript mit folgender sechster Strophe (vgl. EKW I, S. 451): »Er fürchtet nicht, sich zu verspäten. / O nein! Ihm ist, bevor er tritt, / als sei er schon hineingetreten! / Gedacht hat er's. Ich teil's nur mit.«

---

* Unter dem etwas abweichenden Titel *Festlied für ein Skat-Turnier.*

Kästner selbst wurde am Palmsonntag des Jahres 1913, am 16. März, in der Dreikönigskirche zu Dresden konfirmiert, und zwar von demselben Pfarrer Winter, der ihn 14 Jahre zuvor, am 9. April 1899, ebenda schon getauft hatte (vgl. *Als ich ein kleiner Junge war*, EKW VII, S. 44).

Song auf Tante Berthas gutes Sofa

Erstdruck: *Uhu*, Jg. 9, H. 7, April 1933, S. 89; Foto Lehmann.

Viele von Kästners Gedichten sind schon früh gesungen worden, beispielsweise auf den Bühnen der Kabaretts, ohne dass sie von ihm als Chansons konzipiert gewesen wären.* Wie gut sich seine Texte aber tatsächlich vertonen lassen, hat er besonders in der Zusammenarbeit mit Edmund Nick erfahren; zum ersten Mal, als dieser für die Rundfunkrevue *Leben in dieser Zeit* 1929 zu mehr als einem Dutzend von Kästners Gedichten die passende Musik komponierte.** Für Alexis Granowskys Filmsatire *Die Koffer des Herrn O. F.* schrieb Kästner dann zwei Jahre später in einer Auftragsarbeit die Texte zu gleich sieben Songs.

---

* Vgl. Remo Hug: *Vom* Wiegenlied *bis zur* Letzten Zigarette *– ein Streifzug durch die Chansons mit Texten von Erich Kästner*. In: Remo Hug / Matthias Nicolai / Anna Christin Stahl (Hg.): *»Zum Geburtstag nicht wieder Geschenke!«. Erich Kästner Jahrbuch, Band 11*. Würzburg: Königshausen & Neumann, 2024, S. 105–121.

** Vgl. Remo Hug: *Leben in dieser Zeit. Lyrische Suite für den Funk in drei Sätzen (1929)*. In: Stefan Neuhaus (Hg.): *Kästner-Handbuch. Leben – Werk – Wirkung*. Berlin: J. B. Metzler, 2023, S. 241–248.

DANK

Der Anstoß zu diesem Gedichtband kam von Sylvia List und Peter Beisler; ich danke ihnen für ihre zündende Idee. Dank gebührt aber auch Johan Zonneveld: Einerseits hat er mir einen bisher nicht in Buchform veröffentlichten Text Erich Kästners zugänglich gemacht; andererseits wäre manches erhellende Detail ohne die Recherchemöglichkeiten, die seine vierbändige *Bibliographie Erich Kästner* bietet, wohl unentdeckt geblieben.

ERICH KÄSTNER, 1899 in Dresden geboren, begründete gleich mit zwei seiner ersten Bücher seinen Weltruhm: *Herz auf Taille* (1928) und *Emil und die Detektive* (1929). Nach der Machtübernahme der Nationalsozialisten wurden seine Bücher verbrannt, sein Werk erschien nunmehr in der Schweiz im Atrium Verlag. Er erhielt zahlreiche literarische Auszeichnungen, u. a. den Georg-Büchner-Preis. Er starb 1974 in München.

REMO HUG ist freiberuflicher Lektor und Korrektor und Mitherausgeber des *Erich Kästner Jahrbuchs*. Er veröffentlichte unter anderem die Monographie *Gedichte zum Gebrauch – Die Lyrik Erich Kästners* und arbeitet aktuell an *Die Bücher von Erich Kästner*, einer sechsbändigen Beschreibung und Bibliographie aller Ausgaben und Auflagen, die von Kästners Büchern bis heute erschienen sind – und zwar weltweit.

Erich Kästners Werke erscheinen im Atrium Verlag in ihrer originalen Textgestalt. Die Sprache hat sich im Lauf der Jahrzehnte gewandelt, manche Begriffe werden nicht mehr oder anders verwendet. Von minimalen Eingriffen abgesehen, wurde aus urheberrechtlichen Gründen darauf verzichtet, Kästners Sprache – die eines aufgeklärten Moralisten und Satirikers – dem heutigen Sprachgebrauch anzupassen.

Erstausgabe
1. Auflage 2024
© Thomas Kästner
© Atrium Verlag AG, Zürich:
In der Seitenstraße; Lieschen Neumann will Karriere machen; Ein Brief an die Zukunft; Keiner blickt dir hinter das Gesicht …; »Jetzt tritt er ins Leben …«
Alle Rechte vorbehalten
Die hier versammelten Gedichte erschienen erstmals zwischen 1929 und 1933 im Magazin *Uhu* des Berliner Ullstein Verlags
Umschlaggestaltung: Sund Design, Hamburg
Innengestaltung und Satz: Herr K | Jan Kermes
Druck und Bindung: CPI books GmbH, Leck
Printed in Germany
ISBN 978-3-85535-185-5
www.atrium-verlag.com

Keiner blickt dir

Ein Mädchen

zwei Photos

Ein Brief an

In der Seitenstrasse

Betten-Ballade

„Jetzt tritt er

Zukunft vor 30 Jahren

Lieschen Neumann